**Russian St**

Natasha Alexandrova

Anna Watt

# Azbuka-Raskraska
# Coloring Russian Alphabet

# Step 1

Illustrations by Anna Alexeeva

Cover by Sofia Dushkina

russianstepbystepchildren.com/

First Edition
Azbuka-Raskraska for preschoolers

Russian Step By Step

ISBN-13:     978-1494300647

ISBN-10:     1494300648

Printed in the United States of America

**Русский шаг за шагом**

Наташа Александрова

Анна Вотт

# Азбука-раскраска для малышей

# Шаг 1

Иллюстрации Анны Алексеевой

Обложка Софьи Душкиной

russianstepbystepchildren.com/

# Дорогие взрослые!

Наша азбука-раскраска рассчитана на дошкольников, начинающих изучение русского алфавита. Не торопитесь учить своего ребёнка сразу читать и писать. Пусть он сначала войдёт в волшебный мир слов и звуков, научится их произносить и управлять своими пальчиками. Раскрашивая картинку и выполняя задания, дети в игровой форме запоминают буквы и слова и подготавливают руку к написанию букв.

## Как работать с книжкой

Мы рекомендуем работать только с одной буквой на каждом занятии. 15 - 20 минут – это идеальное время для малышей такого возраста.

1. Назовите букву, а затем прочитайте слово. Попросите ребёнка раскрасить рисунок. Спросите:

   | | |
   |---|---|
   | Взрослый: | Что это? |
   | Ребёнок: | Это - бабочка. |
   | Взрослый: | Какая это буква? |
   | Ребёнок: | Это буква Б. (Если не помнит, подскажите букву.) |
   | Взрослый: | Бабочка – Б - Бабочка |

**Внимание!** Обязательно произносите только звук этой буквы, а не её название.

2. Попросите ребёнка раскрасить букву карандашом, фломастером или красками. Повторите вопросы.

После того, как вы прошли все буквы и раскрасили все картинки, нужно закрепить буквы, проделав дополнительные задания.

1. Нарежьте кусочки цветной бумаги и покажите, как их наклеить на букву. Проследите, чтобы ребёнок наклеил их правильно и не выходил за поля буквы. Называйте букву в процессе работы.
   Например: «Смотри, какая красивая буква Б у нас получилась!»

2. Нарежьте цветную пряжу или верёвку. Покажите ребёнку, как накладывать пряжу или верёвку на букву, чтобы повторить её контур. Затем попросите ребёнка сделать это самостоятельно. Помогите намазать букву клеем и приклеить кусочки верёвки на букву.

3. Повторите вопросы и ответы по этой же букве ещё раз. К этому моменту ребёнок обычно запоминает букву. Не расстраивайтесь, если ребёнок не запомнил букву. Всё равно у него в подсознании записалась информация, которая поможет в будущем выучить алфавит быстрее.

4. Важно работать с каждой буквой отдельно. Стройте ваш урок на одной букве. Вы можете дополнить работу с нашей азбукой-раскраской стихотворениями или песенками, физическими упражнениями.

Для дополнительных заданий и информации о работе с этой книгой, мы предлагаем вам посетить наш сайт russianstepbystepchildren.com .

# Dear adults!

Our Azbuka-Raskraska (Alphabet for Coloring) is designed for preschoolers and kindergarteners who are beginning to learn the Russian alphabet. Do not hurry directly to teaching your preschooler to read and write words. The children need to begin by entering the magical world of letters and sounds first, learning what sound each letter makes, and to use their little hands and fingers efficiently. By coloring the pictures and doing simple but fun activities with each letter, children memorize the letters and the words and prepare their hands and fingers to move to the more difficult task of writing.

## How to Work with the Book

We recommend working with only one letter at a time. 15-20 minutes is a reasonable amount of time for the children at this age to concentrate.

1. Say the sound that the letter makes and then read the word. Ask the child to color the letter. Discuss the page.

| | |
|---|---|
| Adult: | Что это? (What is this?) |
| Child: | Это бабочка. (This is a butterfly.) |
| Adult: | Какая это буква? (What letter is this?) |
| Child: | Это Б (This is Б. If the child does not remember it yet – remind him the sound the letter makes.) |
| Adult: | Бабочка - Б - бабочка (Butterfly – Б- Butterfly) |

**Attention!** It is important to pronounce only the sound that the letter makes, not the name of the letter. (Б, not Бэ).

2. Ask the child to color the picture with a pencil, felt-tip pen or paint, and repeat the questions.

After you have colored all the letters and objects, you can review the letters by doing additional activites.

1. Cut pieces of tissue or construction paper in the shape of the letter and show the child how to glue them onto the letter. Make sure that the child glues correctly, staying within the borders of the letter. Name the letter during the process.
   For example: Смотри, какая красивая буква Б у нас получилась! (Look, what a beautiful letter Б we have! )

2. Cut thick thread or thin rope to match the letter. Demonstrate how to put it on the letter to imitate its contour. Then ask the child to do it on his or her own. Help to glue the thread onto the letter on the letter.

3. Repeat the questions and answers one more time. By this time, the children usually memorize the sound the letter makes. Do not get upset if your child does not remember it. They are still keeping this new information in the brain and it will help in the future to learn the alphabet.

4. It is important to work with only one letter at a time. Please plan your lesson with only one letter in mind. You can supplement the work with our Azbuka-Raskraska with short poems, songs and physical exercises.

For additional tasks and information about how to work with this book please visit our site: www.russianstepbystepchildren.com

# Арбуз

## Аа

# Бабочка

## Бб

# Ваза

## Вв

клей

# Гриб

клей

# Дом

Дд

клей

# Ежевика

## Ее

клей

# Ёлка

Ёё

# Жук

## Жж

клей

# ЗОНТ

Зз

клей

# Игла

Ии

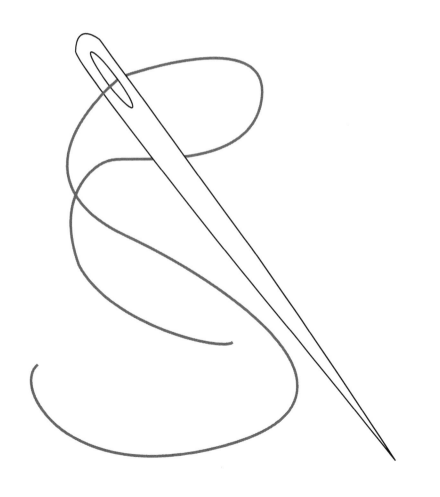

# Йогурт

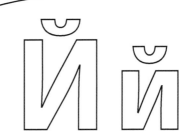

клей

# Корабль

## Кк

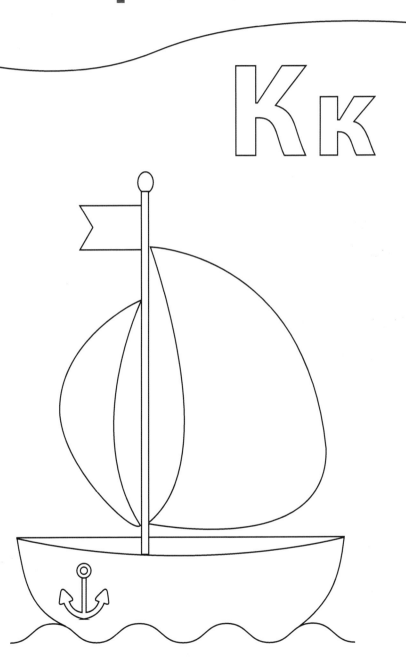

# Лампа

Лл

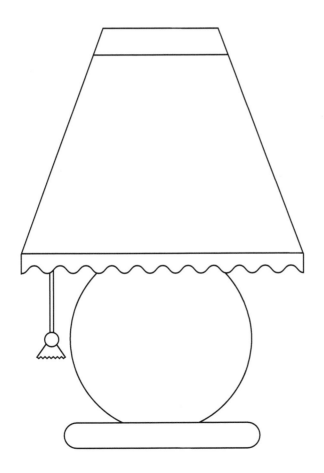

# Мороженое

## Мм

# Ножницы

## Н н

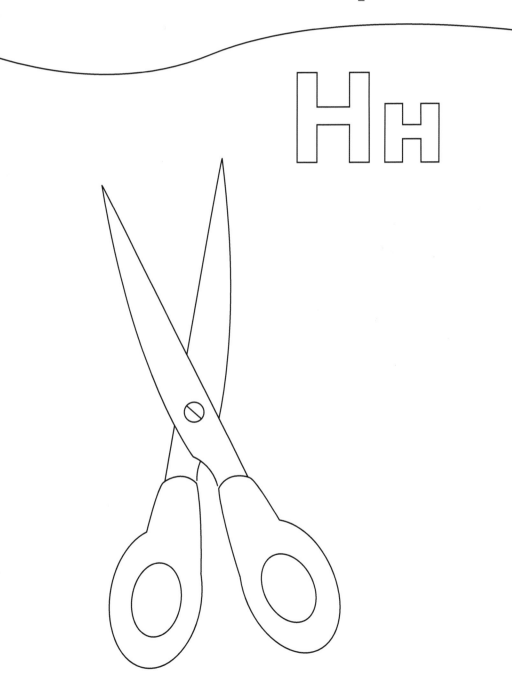

# Облако

Оо

клей

# Пальма

Пп

# Ракета

P p

клей

# Слон

## Cc

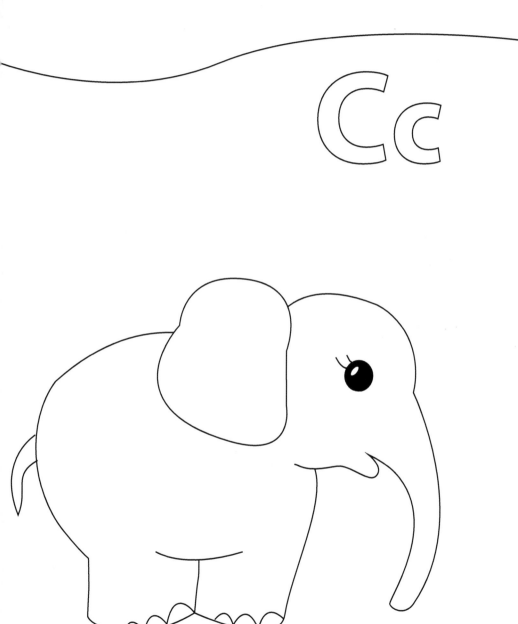

клей

# Торт

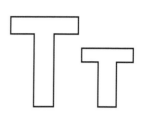

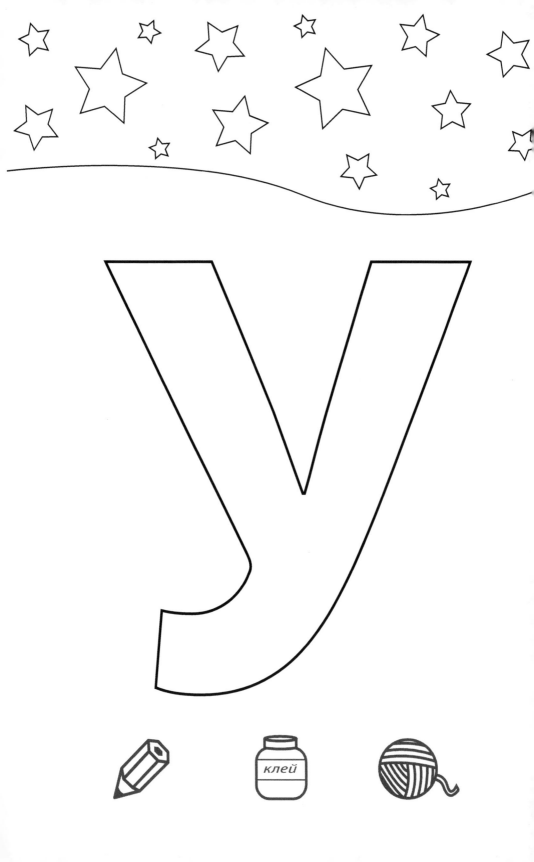

# Улитка

## У у

# Флаг

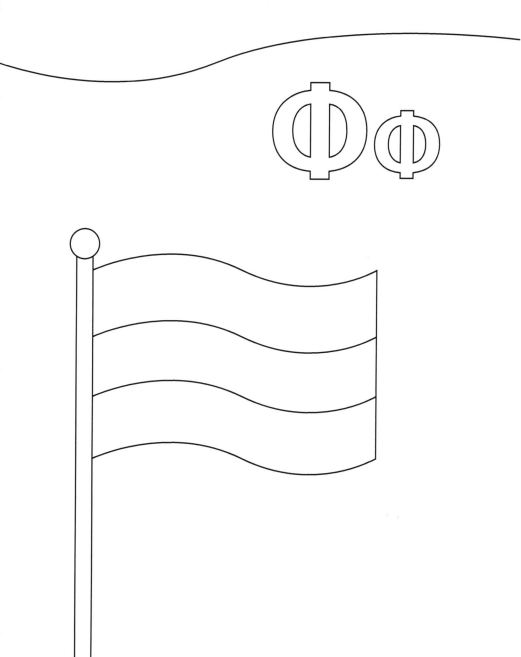

клей

# Хомяк

## Хх

# Цветок

# Чайник

Чч

# Шарик

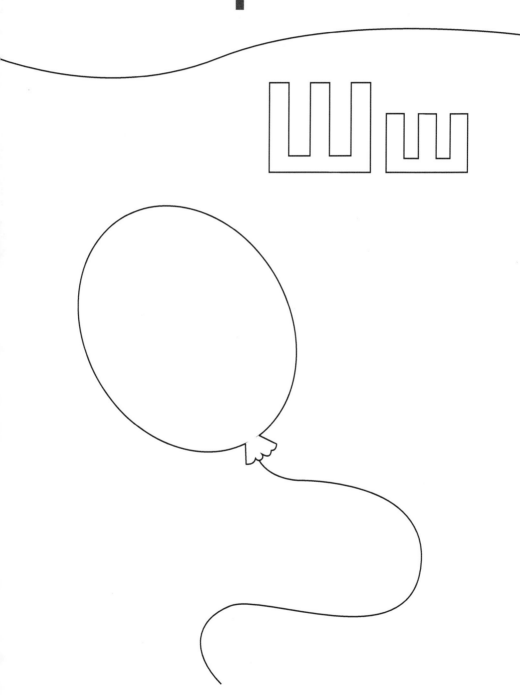

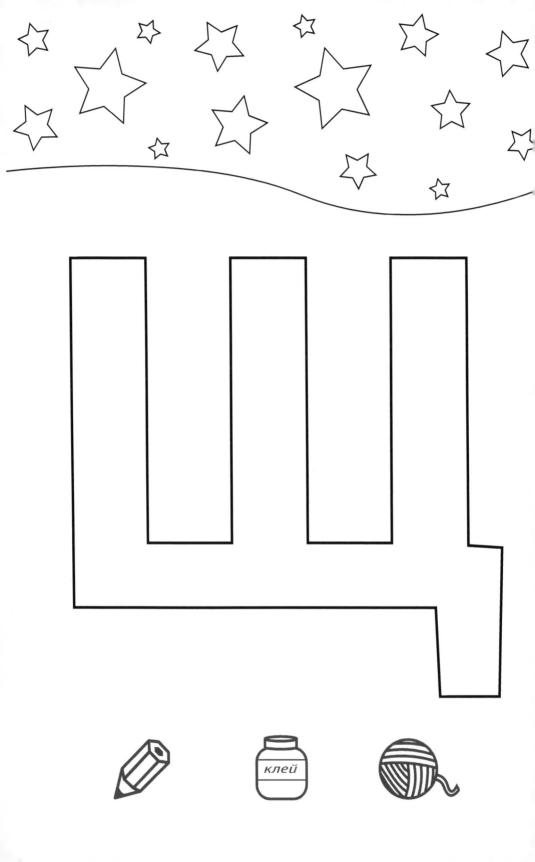

# Щенок

Щ щ

# Съел

Ъ

# Сыр

Ы

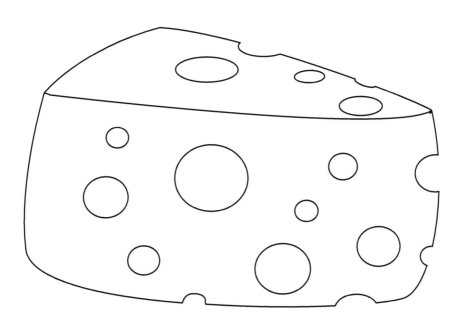

клей

# Огонь

клей

# Эму

Ээ

# Юбка

## Юю

# Яблоко

Яя

## Russian Step By Step

learning system is designed by an experienced teacher and language course developers to introduce a step-by-step approach to learning Russian. Our goal is to provide the learners of Russian with clear and simple explanations and lots of practice.

For a complete list of titles, prices, more information about our company and learning materials, please, visit our website at **www. russianstepbystep.com**

If you are teaching Russian using our materials, please contact us regarding a complimentary training at **info@russianstepbystep.com**

# Available Titles

## Children's Series:

1. **Azbuka 1: Coloring Russian Alhpabet:** Азбука- раскраска (Step 1)
2. **Azbuka 2: Playing with Russian Letters:** Занимательная азбука (Step 2)
3. **Azbuka 3: Beginning with Syllables:** Мои первые слоги (Step 3)
4. **Animal Names and Sounds:** Кто как говорит (Part 1 and Part 2)

## Adult Learner's Series:

1. **Reading Russian Workbook**: Total Beginner (Book & Audio)
2. **Beginner** Level 1 (Book & Audio)
3. **Low Intermediate** Level 2 (Book & Audio)
4. **Intermediate** Level 3 (Book & Audio)
5. Russian Handwriting 1: **Propisi 1**
6. Russian Handwriting 2: **Propisi 2**
7. Russian Handwriting 3: **Propisi 3**
8. **Verbs of Motion**: Workbook 1
9. **Verbs of Motion**: Workbook 2

You can also follow us on Facebook
**www.facebook.com/RussianStepByStep**